Jesper Petersen

Die Frauen von Medina

Imaminnen, Gelehrte und Kriegerinnen

Aus dem Dänischen übersetzt von Marlene Löhr

Ibn Rushd-Goethe Verlag

Inhaltsverzeichnis

Für Gitte Petersen

Vorwort von Seyran Ateş

Berlin, im März 2018

Immer wieder bekomme ich von anderen Muslimen zu hören, dass es nur eine Wahrheit über den Islam gebe, an der nicht gezweifelt werden könne. Mal abgesehen davon, dass dies in Anbetracht verschiedener islamischer Strömungen und Rechtsschulen schon eine sehr eigenartige Behauptung ist, ist dann natürlich auch danach zu fragen, wer diese Wahrheit denn kennt und verkündet. Die Interpretation der islamischen Quellen wird bis heute fast ausschließlich von Männern vorgenommen, die den Islam patriarchal interpretieren, weil sie in einer patriarchalen Umgebung leben. Und so lebt es sich als heterosexueller Mann ja auch oft ganz gut.

Wir in der Ibn Rushd-Goethe Moschee möchten einen anderen Weg beschreiten. Wir möchten zeigen, dass es vielfältige Interpretationsmöglichkeiten gibt und diese friedlich nebeneinander existieren können. Und wir möchten zeigen, dass selbstverständlich auch Frauen den Islam für sich interpretieren können – und damit in guter Tradition stehen. Frauen haben schon zu Mohammeds Zeiten Führungsrollen übernommen und waren deutlich gleichberechtigter, als dies heute allgemein behauptet wird. Wir möchten die Muslime und Musliminnen von heute dazu motivieren, sich selber mit der Geschichte des Islams auseinander zu setzen und auch Gelehrte und ihre Meinungen immer wieder kritisch zu hinterfragen. Ganz so, wie unser Namensgeber Ibn Rushd es gewollt hätte: Benutzt euren Verstand!

„Religiöse Grundlage der Ibn Rushd-Goethe Moschee ist ein säkularer liberaler Islam, der weltliche und religiöse Macht voneinander trennt und sich um eine zeitgemäße und geschlech-

tergerechte Auslegung des Koran und der Hadithe bemüht."
So steht es in der Präambel der Satzung der Moschee und ich freue mich sehr, dass wir mit Jesper Petersen einen Islamwissenschaftler gefunden haben, der uns mit seinem Buch dabei hilft, diesen Auftrag zu erfüllen.
Jesper Petersen liefert mit diesem Buch keine fertige Interpretation der Frauenrollen des Islams zur Zeit des Propheten, die man dann nur noch auf heute zu übertragen bräuchte. Und genau das finde ich gut. Er gibt einen guten Überblick über die verschiedenen Rollen, die Frauen gemäß der Überlieferungen eingenommen haben und liefert eine gute historische Einordnung dieser Überlieferungen. Jesper Petersen deckt für uns alte Quellen auf, ohne irgendwas zu beschönigen oder zu vertuschen. Er zeigt was war. Und er überlässt die Interpretation des Geschriebenen seinen Leserinnen und Lesern.

Dieses Buch ist eine hervorragende Diskussionsgrundlage für einen zeitgemäßen und geschlechtergerechten Islam. Und meiner Meinung nach hat der Islam eine solche – gerne auch strittige – Auseinandersetzung dringend nötig. Die Debattenkultur über den Islam ist leider insbesondere auch unter Musliminnen und Muslimen selbst in einem bedauerlichen Zustand. Daher lade ich Sie hiermit ausdrücklich und ganz herzlich in die Ibn Rushd-Goethe Moschee ein, um mit uns zu diskutieren und uns Ihre Interpretation des gelesenen zu erläutern.

Ihre Seyran Ateş

Vorwort von Jesper Petersen

Es ist einleitend wichtig festzustellen, dass dieses Buch kein Versuch ist, den Islam neu zu interpretieren. Es ist ein Buch, welches sich mit einem Kapitel der Weltgeschichte beschäftigt, das für Muslime von großer Bedeutung ist. Ich bin weder Feminist noch Muslim, ich bin nur ein neugieriger Islamwissenschaftler.

Das Buch stellt die Erzählung über die Frauenrollen in Mohammeds Zeit in Frage, indem es sich auf Frauen konzentriert, die nicht in jene Erzählung des Islams passen, die sich nach Mohammeds Tod entwickelt hat. Es ist ein Buch über weibliche Imame, über muslimische Heldinnen, die Seite an Seite mit Mohammed blutige Schlachten kämpften, und es ist ein Buch über weibliche Gelehrte, die Männer im Koran und der Sunnah des Propheten lehrte. Kurz gesagt, es ist ein Buch über starke muslimische Frauen, die Mohammeds Zeitgenossen waren. Gleichzeitig soll dieses Buch nicht dazu dienen, Muslimen ihren Glauben an eine andere Auslegung zu nehmen.

Islam, Christentum und Judentum sind Schriftenreligionen. Man kann heilige Schriften und Religionen nicht gleichsetzen, da die Religion immer abhängig ist von einer Interpretation der Heiligen Schriften, und diese Interpretation wird von den Gläubigen unterschiedlich gemacht. Zum Beispiel galt unter dänischen Theologen bis 1948 eine Interpretation der folgenden Verse aus dem Neuen Testament, die es Frauen nicht ermöglichte als Priester ordiniert werden zu können (und die katholische Kirche hält an dem Verbot weiterhin fest):

Wie in allen Gemeinden der Heiligen sollten Frauen in den Kirchen schweigen. Sie dürfen nicht sprechen, sondern müssen sich in allem unterordnen, wie das Gesetz auch sagt. Aber wenn sie es wissen wollen, müssen sie ihre Männer zu Hause fragen, weil es nicht für eine Frau sorgt, in der Versammlung zu sprechen. (1. Korinther 14, 34-35).

Leser könnten nun den Drang verspüren, „aber…" zu sagen, und das liegt wahrscheinlich daran, dass sie diese biblische Schrift anders interpretieren. 1948 wurden die ersten drei Priesterinnen unter großem Protest von Bischof H. L. Øllgaard in der dänischen Volkskirche ordiniert. Letzterer wurde als Judas bezeichnet, und nicht weniger als 514 männliche Priester unterzeichneten einen Protestbrief. Sie besannen sich jedoch, als sie plötzlich Gefahr liefen, Ihren Beruf zu verlieren. Heute können wir Johanne Andersen und der Gemeinde, die sie zur Priesterin gewählt hatten, dafür danken, dass sie den christlichen Glauben in der Volkskirche erneuert haben, so dass Frauen heute auch Priesterin werden können.

Ich werde nicht auf die vielen Bibelverse eingehen, die unter anderem zur Legitimierung von Rassendiskriminierung, Sklaverei, weiblicher Unterdrückung und Verfolgung von sogenannten sexuellen Abweichlern verwendet wurden. Ich will auch nicht lange über die Bandbreite der christlichen Gruppen von Ku Klux Klan über Anders Behring Breivik bis hin zur Dänischen Volkskirche und Martin Luther King sinnieren. Ich hoffe nur, dass der Leser die Breite der Auslegungen des Christentums sehen kann und eine ähnliche Breite im Islam erwartet.

***

Ich habe großen Wert auf die Lesbarkeit gelegt und daher die Übersetzungen vereinfacht, ohne die Aussage der Ursprungstexte zu verändern. Mohammed hat viele Namen (z.B. Prophet / Gesandter Gottes), aber ich habe mich entschieden, konsequent mit „Mohammed" zu übersetzen, um Verwirrung zu vermeiden.

Ebenso habe ich Lobpreisungen in Form von „Friede sei mit ihm“ weggelassen. Nur an ein paar Stellen bin ich noch einen Schritt weiter gegangen und habe sprachliche Ausdrücke wie „Unser Ofen und Mohammeds Ofen waren eins“ übersetzt mit „Mohammed lebte mit ihm zusammen“ (dem Mann, dem der Ofen gehörte). Die Übersetzungen stammen teilweise aus dem arabischen Text und teilweise aus einer englischen Übersetzung. Die Transkription folgt übrigens keinem System, da ich mich auf Lesbarkeit konzentriert habe. Diejenigen, die beabsichtigen, die Quellen selbst zu lesen, können die arabische Schreibweise beispielsweise über die Namen leicht herausfinden und Leser ohne arabische Fähigkeiten bleiben von vielen merkwürdigen Zeichen und kryptischen Namen verschont.

Namen, die mit Umm (was Mutter bedeutet) oder mit Bint (was Tochter bedeutet) eingeleitet werden, bezeichnen Frauen. In ähnlicher Weise bezeichnen Namen, die mit Abu beginnen (was Vater bedeutet) oder Ibn / Bin (was Sohn bedeutet), Männer. Viele Frauen im Buch werden nur einmal erwähnt, daher ist es nicht wichtig, sich an ihre Namen zu erinnern.

Es war wichtig für mich, das Buch kurz und überschaubar zu halten. Es soll an einem Nachmittag lesbar sein. Das Buch könnte länger sein, da es mehr Quellenmaterial gibt als das, was ich hier benutze. Aber das übergeordnete Ziel ist es, mit einem starren Bild muslimischer Frauen zu Mohammeds Zeit zu brechen. Für einige wird der Inhalt des Buches nicht neu sein; aber für andere wird es wahrscheinlich sehr überraschend sein.

Einleitung

Seit der arabische Feminismus gegen Ende des 18. Jahrhunderts zu keimen begann, wurden Geschichten von den früheren muslimischen Heldinnen erzählt. Im Zusammenhang mit der Arbeit an meinem Buch *Vom Harem zum islamischen Feminismus – Der Kampf der Frauen in Ägypten*, das beschreibt, wie Feministinnen aus der Oberschicht Ägyptens während des Aufstandes im Jahr 1919 die Harems verließen, woraufhin dieses System zusammenbrach, stieß ich auf einige der ersten Geschichten bemerkenswerter Frauen zu Mohammeds Zeit. Einige der feministischen Vorbilder waren prominente Frauen, die in Mohammeds Zeit gelebt hatten, und das erregte meine Neugier.

Seit dem Aufstand im Jahr 1919 hat der islamische Feminismus, der in den späten 1970er Jahren institutionell gegründet wurde und in den 1990er Jahren an Dynamik gewann, viele vorbildliche Frauen in der Geschichte gefunden. Zum Beispiel hat die Soziologin Fatima Mernissi mehrere muslimische Königinnen bei ihren Recherchen gefunden und sie vertiefte sich auch in das Leben von Mohammeds Frauen.[1] Das Interesse an Frauen in der islamischen Forschung ist allgemein gestiegen, und die erste Enzyklopädie über weibliche Gelehrte im Islam wurde vor einiger Zeit veröffentlicht. Der Autor, Mohammad Akram Nadwi, fand in einem Jahrzehnt der Forschung mehr als 8.000 Frauen, die sich mit der Hadith-Wissenschaft im Islam beschäftigt haben.[2]

1 Mernissi, Fatima (1987): The Veil and the Male Elite: A Feminist Interpretation of Women's Rights in Islam. Basic Books. Und: Mernissi, Fatima (1993): The Forgotten Queens of Islam. Polity Press.

2 Nadwi, Mohammed Akram (2013): *Al-Muhaddithat: The women scholars in Islam. Interface Publications.* Die Enzyklopädie ist auf Arabisch geschrieben.

Dieses Buch ist mein Beitrag zu dieser aufregenden Entwicklung und der Zweck ist, sich auf einige Frauen aus Mohammeds Zeit zu konzentrieren, die nicht in die Geschlechterhierarchie passen, die sonst mit dem Islam verbunden ist. Es ist klar, dass es zu Mohammeds Zeit nicht nur ein Rollenideal für Frauen gab – im Gegenteil, es gab viele Arten eine Frau zu sein, und die Möglichkeiten und Grenzen der Frauen waren sehr vom Kontext abhängig.

Das Ausgangsmaterial für dieses Buch ist die letzte Band von Ibn Saads achtbändigem Werk *Kitab al-Tabaqaat al-Kabir*[3] (im Buch mit KTK abgekürzt), welches ein bekanntes Nachschlagewerk über Mohammed Zeitgenossen und ihre Nachkommen ist. Das Werk wird sowohl für die historische Forschung als auch für das Studium von Hadithen in der islamischen Tradition verwendet. Im Gegensatz zu den ersten sieben Bänden, die sich alle mit Männern befassen, beschäftigt sich Band 8 nur mit den Frauen in Medina. Ich hätte viele Quellen hinzufügen können, wie *Al-Waqidis Kitab al-Tarikh wa al-Maghazi*, und ich habe oft die Versuchung verspürt, die Quellen zu erweitern, aber da es die Dinge nur unnötig verkompliziert hätte, habe ich der Versuchung widerstanden. Es gibt reichlich Material in Ibn Saads Arbeit, um zu zeigen, dass es viele Wege gab, eine Frau unter der Führung Mohammeds zu sein.

Die Quelle: Kitab al-Tabaqaat al-Kabir

Die älteste erhaltene Quelle der islamischen Geschichte wurden etwa 200 Jahre nach dem Tod Mohammeds niedergeschrieben, was die Quellenkritik extrem schwierig und kompliziert macht.[4]

3 Bewley, Aisha (Übersetzerin) (2015): Muhammed Ibn Sa'd's Kitab al-Tabaqaat al-Kabir. Vol 8. Ta-Ha Publishers Ltd.. Zukünftig als **KTK** abgekürzt.

4 Quellenkritik beschäftigt sich mit den Umständen unter denen eine Geschichtsquelle entstanden ist, insbesondere wer sie wann hergestellt hat und mit welcher Motivation.

In der Zeit zwischen Mohammeds Tod und der Niederschrift wurden die Geschichten mündlich übertragen und Frauen haben eine aktive Rolle bei der Weitergabe gespielt. Die eigentliche Niederschrift der Geschichten wurde jedoch von Männern getätigt, und ihre Skripte sind die einzigen Quellen, die wir zur Verfügung haben. Jede Niederschrift einer Tradition mündlicher Weitergabe führt zum Verlust von Geschichten, die nicht aufgeschrieben wurden. Daher können wir nicht davon ausgehen, dass nur die von den Quellen beschriebenen Familienstrukturen und Geschlechterrollen existierten. Im Gegenteil, es gibt guten Grund zu der Annahme, dass viele Daten verloren gegangen sind, die die Autoren für irrelevant oder unverständlich gehalten haben. Letzteres zeigt sich in mehreren Quellen, in denen klar ist, dass der Autor das von ihm überreichte Material nicht vollständig verstanden hat. [5] In diesem Buch möchte ich nicht darüber spekulieren, obwohl dies mit einem anthropologischen Ansatz durchaus legitim wäre.

Ein großer Teil des aufgeschriebenen Materials besteht aus Hadithen, die Kurzgeschichten aus Mohammeds Leben sind. Hadithe sind in großen Büchern mit mehreren tausend Geschichten pro Werk gesammelt. Anders als der Koran, der offenbart wurde und somit als unbestreitbar wahr angesehen wird, kann ein Hadith sowohl wahr als auch falsch sein. Das heißt, die islamische Tradition erkennt die Tatsache an, dass während der mündlichen Überlieferung erfundene Geschichten über Mohammeds Leben entstanden sind. Daher ist es eine der wichtigsten Aufgaben der islamischen Gelehrten, wahre und falsche Berichten auseinander zu sortieren. Dies geschieht unter anderem durch die Untersuchung der Erzählkette, auch Überlieferungskette genannt. Ein Hadith beginnt mit einem Bericht über den Ursprung der

5 Watt, W. Montgomery (2006):
Mohammed at Medina. Oxford University Press, S. 371-388.

Geschichte in Form von: „A hat B erzählt, der C gesagt hat, der D gesagt hat... einmal...". Die einzelnen Glieder der Erzählkette werden durch islamische Rechtsgelehrte untersucht, um herauszufinden, ob die Erzähler vertrauenswürdig sind. Wenn zum Beispiel ein Glied in der Kette als schlechter Muslim oder sogar als unehrlich gilt, wird der Hadith zurückgewiesen. Hadith-Analyse ist eine separate Wissenschaft innerhalb des Islam, und oft wurden Hadithe als irgendwo zwischen wahr und falsch klassifiziert (so zum Beispiel: ‚wahrscheinlich wahr').

Um Hadithwissenschaften zu betreiben, wie es islamische Rechtsgelehrte tun, ist es notwendig, eine große Menge biografischer Daten über die Erzähler zu kennen. Das KTK, auf dem dieses Buch basiert, ist ein solches biografisches Lexikon mit insgesamt 4.250 Biografien, von denen 629 Frauen sind. Gleichzeitig ist das Werk das älteste überlieferte Werk über Frauen in der Geschichte des Islam. Es wurde von Ibn Saad (784-845 n.Chr.), einem muslimischen Historiker in Bagdad, geschrieben. Er ist auch als Al-Waqidis Notar bekannt, ein äußerst wichtiger Autor in der islamischen Geschichte, der die oben erwähnte Arbeit (die ich versucht hatte, als Quelle einzubeziehen) über Mohammeds Militärexpeditionen *(Kitab al-Tarikh wa al-Maghazi)* herausgegeben hat. Die letztere Arbeit wird typischerweise verwendet, um Koranverse zu datieren und den Verlauf von Mohammeds Leben zu bestimmen.

Die Hadith-Erzählungen über Mohammeds Leben wurden im 9. Jahrhundert in sechs Hauptwerken gesammelt, die einen nahezu kanonischen Status erreicht haben. Die Autoren der 6 Werke haben jedoch das Material von KTK nicht berücksichtigt, da die Juristen der Zeit auf die Historiker herabsahen und es außerdem einen internen Kampf zwischen Ibn Saad und einem andere-

Gelehrten namens Ibn Main gab. [6] KTK wurde jedoch ab dem 13. Jahrhundert zu einem der renommiertesten Nachschlagewerke für biografische Informationen. [7]

Orientalische Forscher wie Ignác Goldziher, Joseph Schacht und G. H. A. Juynboll haben kritisiert, dass die Hadith-Literatur von neueren theologischen Kontroversen beeinflusst sei. Sie glauben, dass muslimische Theologen Hadithe, die ihre eigenen theologischen Positionen belegen sollten, mit starken Überlieferungsketten ausstatteten, damit sie Diskussionen in islamischer Theologie und Recht gewinnen konnten. Es besteht kein Zweifel, dass dies für eine bestimmte Menge von Hadith-Literatur gilt, und die Diskussion dreht sich daher darum, wie viel von der Hadith-Literatur aus diesem Grund zurückgewiesen werden muss. Die von KTK ausgewählten Stellen sind frei von dieser Kritik, da sie keine bekannten theologischen Positionen aus dieser Zeit unterstützen. Im Gegenteil, die Passagen widersprechen vielen der damaligen theologischen Positionen und kritisieren sogar Mohammed regelmäßig.

Es gibt jedoch viele andere Quellenprobleme. Ibn Saad schrieb KTK in der damaligen Kalifenstadt Bagdad und hatte nicht die Voraussetzungen, um die vielen verschiedenen Familienstrukturen und Geschlechterstrukturen zu verstehen, die vor 200 Jahren auf der Arabischen Halbinsel vorherrschten. Dies führt zu Verwirrung über Geschlechterstrukturen, da einige Materialien wahrscheinlich aussortiert wurden, wenn sie für ihn keinen Sinn ergaben (dies gilt auch für andere Hadith-Sammler).

6 Atassi, Ahmad Nazir (2014): Ibn Sa'd (784-845). In: Fitzpatrick, Coeli et Walker, Adam Hani (editors): *Mohammed in History, Tought, and Culture: An Encyclopedia of the Prophet of God.* Vol 1. ABC-CLIO. S. 277-279.

7 Ebenda.

Einige Stämme auf der Arabischen Halbinsel waren uxorilokal organisiert, was bedeutet, dass verheiratete Frauen bei ihrem Stamm blieben, wo ihre Männer sie besuchten. Zum Beispiel war es bei Mohammeds Mutter und wahrscheinlich auch bei Mohammeds erster Frau Khadija der Fall. Einige Familien waren sogar matrilinär, was bedeutet, dass die Abstammung durch die Blutlinie der Mutter statt durch die des Vaters nachvollzogen wurde. Natürlich bedeutete das auch, dass die Kinder dem Stamm der Frau gehörten und nicht dem Mann. Wir haben sogar Beispiele von Polyandri, wo Frauen mehrere Männer hatten. Die Praxis von Ehe, Scheidung, Familienstruktur und Geschlechterstruktur war von Stamm zu Stamm sehr unterschiedlich. [8]

Die Brautwerbung von Mohammeds erster Frau Khadija ist ein gutes Beispiel dafür, wie Hadith-Sammler Schwierigkeiten hatten den historischen Ereignissen einen Sinn zu geben. Khadija war eine reiche und mächtige Witwe, die im Handel tätig war und übrigens nicht die einzige Handelsfrau in Mekka war. Sie hat wahrscheinlich Mohammed auf eigene Initiative geheiratet, was für spätere Rechtswissenschaftler unbegreiflich war, die glaubten, dass eine Frau einen männlichen Vormund braucht, um heiraten zu können. Mohammed hätte ihrer Meinung nach die Hochzeit nicht annehmen dürfen, da sie im Widerspruch zum späteren islamischen Recht stand. Es war daher naheliegend, Elemente zur Geschichte hinzuzufügen, so dass sie den Regeln der Scharia folgte, was genau das war, was getan wurde. Daher gibt es widersprüchliche Berichte darüber, wie die Ehe sowohl durch ihren Vater als auch durch ihren Onkel zustande kam.

8 Watt, W. Montgomery (2006): *Mohammed at Medina.* Oxford University Press. Und: Sonbol, Amira (2003): Rise of Islam: 6th to 9th century. I: Joseph, Suad (2003): *Encyclopedia of Women & Islamic Cultures.* Vol 1. Brill. S. 3-9.

Hier gibt es jedoch Anachronismen in den Berichten, da das islamische Gesetz zu Mohammeds Zeit nicht existierte und Mohammed diese Regeln daher auch nicht befolgte. Islamische Gesetze entstanden durch die Interpretation von Mohammeds Leben und dem Koran nach dem Tod des Propheten.

Islamisches Recht

Im Gegensatz zu dem, was viele glauben, ist der Koran nicht die primäre Quelle des islamischen Rechts (auch Fiqh oder Sharia genannt). Es gibt viele Schlüsselelemente des Islam, die im Koran nicht erwähnt werden. Zum Beispiel gibt es keine genauen Anweisungen darüber, wie oder wann man beten soll. Ebenso gibt es keinen Hinweis darauf, wie die Pilgerfahrt durchgeführt werden sollte. Diese Informationen kommen von Hadithen, die typischerweise zum Beispiel darüber berichten, wie und wann Mohammed das Gebet durchgeführt hat und wie er die Pilgerfahrt nach Mekka durchgeführt hat. Das Islamische Recht versucht vor allem Bräuche zu finden (auch Sunna genannt), den Muslime nachahmen können.

Selbst wenn es im Koran 5:38 die Anweisung gibt, die Hand von Dieben abzuschlagen, ist es ein Hadith, der die Voraussetzungen angibt. Sollten Sie zum Beispiel die Hand eines Diebes abschlagen, der Essen oder Trinken stiehlt, um zu überleben? In solchen Fragen lehren Hadithe, was Mohammed tat.

Mohammeds Glaubenspraxis ist für das islamische Recht sehr wichtig. Daher ist beispielsweise Mohammeds Meinung zu bestimmten Geschlechterrollen für den Islam von großer Bedeutung. Allerdings haben Muslime Mohammed erst historisch relativ spät zum einzig zu folgenden Beispiel erhöht. Dies ist teilweise auch eine Erklärung für die späte Niederschrift und Archivierung des Quellenmaterials.

Es war zum Beispiel erst lange Zeit nach dem Tod von Mohammed der Fall, dass das Alkoholverbot des Korans systematisch durchgesetzt wurde. In der Garnisonsstadt Kufa war Alkohol erlaubt, und der muslimische Richter der Stadt, Shurayh, war für seinen Konsum von doppelt destilliertem Alkohol bekannt. [9]

Wir kennen sogar eine Frau, die Alkohol in den 680er Jahren (etwa 50 Jahre nach Mohammeds Tod) entlang der Pilgerroute nach Mekka verkaufte. [10] In der Zeit zwischen Mohammeds Tod und der Entstehung der islamischen Rechtsprechung im 8. Jahrhundert benutzten Muslime viele andere Rechtsquellen. Es gibt sogar den Fall, in dem ein christlicher Richter in einer Moschee arbeitete, wo er in Rechtsstreitigkeiten zwischen Muslimen urteilte. [11] Wir könnten zu Mohammeds Zeit zurückkehren, in der seine Zeitgenossen sich nicht von den „illegalen" Frauen scheiden ließen: Nachdem der Vers offenbart wurde, der besagt, dass sie nicht mehr als 4 Frauen heiraten dürfen, gab es keine Anweisung für die Muslime, die mehr als 4 Frauen hatten, sich von einigen scheiden zu lassen. [12]

Die islamische Rechtsschulen haben sich im 10. Jahrhundert auf viele Vorschriften im islamischen Recht geeinigt, und in diesem Prozess – so glauben oben erwähnte Orientalisten – wurden

9 Hallaq, Wael (2007): *The origins and evolution of Islamic law.* Cambridge University Press, S. 40.

10 Ebenda, S. 41

11 Zubaida, Sami (2005): *Law and power in the Islamic world.* I. B. Tauris. S. 40. Zubaida zitiert aus: Tyan, Emile (1960): *Histoire de l'organisation judiciaire en pays d l'Islam.* Brill. S. 67.

12 Sonbol, Amira (2003): Rise of Islam: 6th to 9th century. I: Joseph, Suad (2003): *Encyclopedia of Women & Islamic Cultures.* Vol 1. Brill.
Die Begründung für diese Aussage ist, dass wir keine Quellen haben, die von den vielen Scheidungen berichten, die nach der Offenbarung des Verses tattgefunden haben müssten. Solch ein Massenereignis wäre signifikant genug gewesen, um darüber in Quellen zu berichten, wenn sie (die Scheidungen) denn stattgefunden hätten.

Hadithe mit starken, fiktiven Überlieferungsketten ausgestattet, um die Positionen der Rechtsgelehrten zu unterstützen.
In dieser Zeit wurde auch die Rolle der Frau im islamischen Recht definiert. Damals haben zum Beispiel die Rechtsschulen zu der Frage Stellung bezogen, ob Frauen Imamin für andere Frauen sein dürfen. Drei der Rechtsschulen im sunnitischen Islam sagten ja. Es sollte jedoch hinzugefügt werden, dass zwei der drei empfohlen, dass Frauen dies besser unterlassen sollten (haben es aber nicht verboten). Auf der anderen Seite sagten zwei islamische Rechtsschulen, die heute „ausgestorben" sind, dass auch Frauen Männer im Gebet führen können.[13]

Eine, die Jairiri-Schule, wurde sogar von dem hochgelobten Theologen al-Tabari gegründet, dessen historisches Werk *(Tarikh al-Rusul wa al-Muluk)* breite Anerkennung gewonnen hat. Die andere Schule, Abu Tawri, ist weniger bekannt.

Das islamische Recht ist davon abhängig, dass Mohammeds Handlungen konsistent sind. Ansonsten funktioniert das Ableitungs-Prinzip nicht: Wenn Mohammed sein Handeln ständig geändert hätte, wäre es unmöglich, daraus eine Handlungsempfehlung abzuleiten. Die islamische Jurisprudenz hat eine spezielle Methode namens Abrogation *(mansukh)* entwickelt, um Mohammeds Brauch konsistent und damit für die Gesetzgebung nutzbar zu machen. Das heißt, wenn Mohammed Hochzeiten zwischen muslimischen Frauen und nicht-muslimischen Männern erlaubt hat (wie er es getan hat)[14], dann kann eine spätere Aussage, in der er es verbietet, seine vorherige Zustimmung widerrufen. Heute sind sich die Rechtsschulen einig, dass muslimische Frauen keine nicht-muslimische Männer heiraten sollten.

13 El-Fadl, Khaled Abou (2003): Legal and jurisprudential literature: 9th to 15th century. In: Suad, Joseph (2003): *Encyclopedia of women & Islamic cultures.* Brill. S. 39.

14 KTK, 224.

Die Methode wird auch für die Analyse des Korans verwendet, wo Gott manchmal einen Vers mit einem neuen veränderte. Zum Beispiel war Alkohol in den ersten Offenbarungen nicht verboten, aber später gab es Verse, in denen der Alkoholkonsum zuerst eingeschränkt und später verboten wurde. Daher wurde der Alkohol in allen vier Rechtsschulen des sunnitischen Islam verboten. Das Hauptproblem mit der Idee, dass Mohammeds Handlungen schlüssig und konsistent sein müssen, besteht darin, dass seine Handlungen wahrscheinlich so willkürlich waren, wie die Handlungen jeder anderen Person. Wenn die Geschichte traditionell in der Annahme gelesen wird, dass Mohammeds Handlungen konsistent waren, bedeutet dies auch, dass einige Geschehnisse von dieser Lesart ausgeschlossen werden müssen. Wenn wir für einen Moment auf die Geschichte von Khadija (Mohammeds erster Frau) zurückkommen, ist es diese Idee der konsistenten Handlung, die von Mohammed die Anwesenheit eines Vormunds verlangt und so wurde Khadija später ein Vormund in Person von ihrem Vater und ihrem Onkel zugeschrieben. Das heißt, Mohammeds Leben und die islamische Geschichte sind zu einem gewissen Grad so geschrieben, dass es dem islamischen Gesetz nicht widerspricht. Dies ist jedoch keine Methode, die Geschichte so beschreibt, wie es eigentlich gewesen ist. Sondern es wird zu einer Geschichtsschreibung, die eine bestimmte Machtposition und deren Erhaltung in einer männlich-patriarchalen Interpretationsgemeinschaft unterstützt.

Abschließend möchte ich noch mal den wichtigsten Punkt in diesem Abschnitt und auch den Zweck des Buchs wiederholen: Die islamische Recht wurde in einer patriarchalischen Gesellschaft entwickelt, und es war das Patriarchat der Zeit nach Mohammed, welches im islamischen Recht systematisiert und festgehalten wurde. Und das trotz der Tatsache, dass das Patriarchat zum Zeitpunkt von Mohammeds Leben nicht dominierend war. Darüber hinaus wurden die prägenden Quellen des Islam über 200

Jahre nach dem Tod von Mohammed niedergeschrieben, und viel Material über andere Geschlechterverhältnisse als die patriarchalen ist verloren gegangen, weil die Kultur- und Geschlechterverhältnisse der arabischen Beduinenkultur für die Autoren nicht sinnvoll oder vielleicht unverständlich gewesen ist. Letzteres behauptet der islamische Wissenschaftler Montgomery Watt gegenüber dem hochgelobten Hadith-Sammler al-Bukhari.[15]

Das heißt, das Quellenmaterial wird lange Zeit nach Mohammeds Tod durch die patriarchale Geschlechterstruktur in muslimischen Metropolen (typischerweise außerhalb der arabischen Halbinsel) beeinflusst. Im weiteren Verlauf dieses Buches werde ich Beispiele aus dem KTK geben, die dem patriarchalischen Verständnis der den Islam prägenden Geschichtserzählung widersprechen.

15 Watt, W. Montgomery (2006): *Mohammed at Medina.* Oxford University Press, S. 371-388.

Die Rolle der Frauen in der ersten Moschee

Bevor Mohammed seine Offenbarungen erhielt, gab es aus offensichtlichen Gründen keine Moscheen. Mohammeds Haus in Medina war die erste Moschee in der Geschichte, aber sie funktionierte anders als eine Moschee heute. Zu jener Zeit war die Moschee Mohammeds Privathaus, das auch für Gebete und Treffen genutzt wurde. In vielerlei Hinsicht unterschied sich die Hausmoschee von Mohammed nicht von anderen Häusern, und in KTK werden andere Häuser auch als Moscheen *(masjid)* bezeichnet, in denen Gebete genauso abgehalten wurden wie in Mohammeds Zuhause. Es gab keinen offiziell ernannten Imam in der Hausmoschee. Der einzige offizielle Titel in Mohammeds Moschee war „Muezzin" (ein Mensch, der zum Gebet ruft), und er existierte auch in anderen beliebten Hausmoscheen. Die Hausmoschee als Institution entwickelte sich erst kurz nach Mohammeds Tod während des 2. Kalifen Omar weiter zu einer reinen Moschee, die mehr an die heutigen Moscheen erinnert als die ursprüngliche Hausmoschee Mohammeds – mehr dazu am Ende des Kapitels.

Die private Natur von Mohammeds Hausmoschee erklärt sich durch die Architektur. Die Moschee befand sich in einem zentralen Hof, umliegend waren die Häuser von Mohammeds Frauen. Aishas Zimmer hatte eine Tür zum Hof, wo das gemeinsame Gebet stattfand, sodass Mohammed leichten Zugang zum Hof hatte, wenn er beten wollte.[16] Mohammeds Hausmoschee war

16 KTK, 121; Und: Brockelmann, Carl (red.): *Ibn Saad: Biographien Muhammeds, seiner Gefährten und der Späteren Träger des Islams bis zum Jahre 230 der Flucht.* Band VIII (Biographien der Frauen). Herausgegeben von Prof. Dr. Carl Brockelmann. Leiden, E. J. Brill (1904), S.119. (Zukünftig als **IS** abgekürzt).

nicht für alle offen, wie es heute für Moscheen üblich ist. Zudem betete Mohammed seine Gebete oft da, wo er sich gerade befand. Wir haben mehrere Berichte darüber, wie er unter anderem in den Schlafzimmern seiner Frauen betete (während sie anwesend waren) oder unter Umständen, die es mit sich brachten, dass keine anderen Männer Zugang hatten. Mohammeds Frau Maymuna sagte:

„Mohammed pflegte in der Moschee auf einem Palmblatt zu beten, während ich neben ihm schlief. Seine Kleidung hat mich während meiner Menstruation berührt.“ [17]

Eine andere von Mohammeds Ehefrauen, Aisha, glaubte, dass sie speziell sei, denn sie behauptete, Mohammed habe nur in ihrem Zimmer gebetet, nicht in denen seiner anderen Frauen. Vor dem Gebet waschen sich die Muslime, wenn sie rituell unrein sind, und Aisha sagt, dass sie und Mohammed das zusammen getan haben:

„Mohammed und ich wuschen uns (Ghusl) aus demselben Behältnis, und er tat dies mit keiner seiner Frauen außer mir. Er pflegte zu beten, während ich vor ihm lag, und er tat das mit keiner seiner Frauen außer mir. Die Enthüllungen kamen, während er bei mir war und das passierte bei keiner anderen Frau außer bei mir.“ [18]

Es gibt einen Unterschied zwischen der großen Wäsche *(Ghusl)* und der kleineren Wäsche *(Wudu)*, die typischerweise in der Hausmoschee stattfand. In Mohammeds Hausmoschee scheint es einen Wassertank gegeben zu haben, und es gibt mehrere Geschichten darüber, wie Männer und Frauen das gleiche Gefäß benutzten. Umm Subayya, die mit Mohammed nicht verheiratet war, sagt zum Beispiel: *„Meine Hand und Mohammeds Hand waren in dem gleichen Waschzuber.“* [19]

17 KTK 97; IS 98.

18 KTK, 46.

19 S, 216.

Wenn sich die Muslime in Mohammeds Haus versammelten, fand das Gebet auf dem Hof statt, und es besteht kein Zweifel, dass die Frauen während des Gebets in der Moschee anwesend waren, da KTK Berichte darüber enthält. Die Frauen hörten auch die Koranrezitation in der Moschee [20], und es gibt einige Berichte darüber, wie Mohammed Frauen zu verschiedenen Gelegenheiten dazu aufforderte, zu beten (siehe weiter unten).

In Medina gab es mehrere Hausmoscheen, die Mohammed entweder allein oder mit Gefährten zusammen besuchte. Aus diesen Berichten geht klar hervor, dass der Besitzer der Hausmoschee auch die Rolle des Gastgebers innehatte, der seinen Gästen Essen servierte:

„Ich sah Gottes Boten [Mohammed] in unserer Moschee beten. Ich ging zu meinem Haus und brachte ihm Fleisch und Brot von dort. Er [Mohammed] sagte: „Bei meiner Mutter und meinem Vater, esse zu Abend“. Er sagte zu seinen Gefährten „iss im Namen Gottes“. Er selbst, seine Gefährten und diejenigen aus dem Haus, die anwesend waren, aßen…“[21]

Das Interessante an diesem Bericht ist, dass die Hausmoschee separat vom Wohngebäude gewesen zu sein scheint, da die Frau (Umm Amir al-Ashhaliyya), welche die Geschichte erzählt, Essen aus einem anderen Haus holen musste. Die Hausmoschee wird hier auch als „unsere Moschee“ bezeichnet, was ebenfalls ein Hinweis sein könnte. Die weibliche Erzählerin könnte die Gastgeberin sein, obwohl es unmöglich ist, aus dem Kontext zu bestimmen. Es könnte auch die Moschee des Stammes sein. Mohammed besuchte oft Hausmoscheen und besuchte unter anderem Umm Sulaim‘s Hausmoschee des öfteren:

20 KTK, 206, 287 und 305.

21 KTK, 221; IS, 234.

„Mohammed besuchte Umm Sulaym und betete ein freiwilliges Gebet in ihrem Haus. Er sagte zu ihr: „Wenn du das Pflichtgebet betest, sag Subhana Allah zehn Mal, al-Hamdulillah zehn Mal, Allahu Akbar zehn Mal und bitte Gott um etwas; und Gott wird zu dir sagen: Ja, ja und ja.“[22]

Im arabischen Text heißt die Hausmoschee „ihr Haus“ (beitha), aber aus dem Kontext des KTK, wo das Haus immer wieder auftaucht, ist klar, dass dieses Haus auch eine wichtige Funktion als Moschee hatte. Dies sieht man auch daran, dass Mohammed nicht in Umm Sulayms Hausmoschee hätte beten müssen, da es ein freiwilliges Gebet war (nicht eins der fünf Pflichtgebete). Er nimmt sich dort auch Zeit und gibt Umm Sulaym Privatunterricht in der korrekten Ausführung des Gebets. All dies deutet darauf hin, dass Umm Sulaym vielleicht andere im Gebet geführt hat, oder dass Mohammed sie darauf vorbereitet hat. Er kehrt oft zu dieser Hausmoschee zurück: „Mohammed besuchte manchmal Umm Sulaym, und als es Zeit für das Gebet war, betete er auf einer unserer Decken.“ [23] Außerdem machte Umm Sulaym oft Essen für ihn: „Mohammed besuchte Umm Sulaym und bekam Essen, welches sie für ihn zubereitet hatte.“[24]

Obwohl Umm Sulaym nicht Imam genannt wurde, ist es nicht unwahrscheinlich, dass sie einen Imam-ähnlichen Status hatte.

22 IS, 312 Mohammed brachte das auch einer seiner Frauen bei (siehe IS, 85).

23 IS, 312.

24 IS, 313. Im arabischen Text steht: "Muhammed besuchte seine Mutter Umm Sulaym..." Es ist unklar, warum Umm Sulaym Mohammeds Mutter genannt wird, da diese starb, als Mohammed ein Kind war. Der Titel „Mutter“ erlaubt die Besuche nach islamischem Recht, weil Mohammed nicht mit „seiner Mutter Umm Sulaym“ verheiratet werden kann. Dies ist wahrscheinlich ein weiteres Beispiel dafür, wie islamische Rechtsgelehrte die Geschichte umschreiben, um Mohammed dazu zu bringen, den Regeln des Fiqh zu folgen. Mohammeds Sunna ist nämlich inkonsistent, wenn man nicht zeigen kann, dass Umm Sulaym mahram ist (Person, mit der man keine Ehe eingehen kann).

Es ist wichtig, sich daran zu erinnern, dass die Imam-Rolle zu diesem Zeitpunkt in der Geschichte noch nicht eindeutig definiert war. Daher gibt es viele Zwischenpositionen, und der Begriff scheint einfach für das Oberhaupt des Hauses verwandt worden zu sein, das aufgrund seines Status auch Imam war. Zu anderen Zeiten wird der Begriff synonym mit Führer verwendet. Jedenfalls scheint Umm Sulaym einen besonderen Status gehabt zu haben, denn Mohammed besuchte sie ohne die Anwesenheit ihres Mannes:

„Mohammed kam ohne die Anwesenheit des Ehemannes nicht in ein Haus, außer in Umm Sulayms Haus. Als er danach gefragt wurde, antwortete er: „Ich habe Mitgefühl mit ihr. Ihr Bruder wurde getötet, als er mit mir zusammen war."[25]

Der obige Hadith ist einer von vielen Hadithen, die verwendet werden könnten, um zu argumentieren, dass Mohammeds Handlungen weniger konsistent waren als allgemein behauptet (siehe Einleitung).

Es wurden Hadithe über insgesamt drei Frauen in KTK überliefert, die Imame genannt wurden, zwei von ihnen waren Mohammeds Ehefrauen. Der sogenannte Umm Waraqa-Hadith wird heute verwendet, um weibliche Imame zu legitimieren. Und historisch gesehen hat er für zwei inzwischen „ausgestorbene" Rechtsschulen im Islam die Grundlage geliefert, Frauen zu erlauben, sowohl Männer als auch Frauen im Gebet zu führen (siehe Einleitung). Das folgende Gespräch fand statt, als Mohammed auf dem Weg zur Schlacht von Badr war:

„Mohammed besuchte Umm Waraqa bint Abdullah ibn al-Harith und nannte sie eine Märtyrerin. Sie sammelte den Koran. Als Mohammed nach Badr ging, sagte sie zu ihm: „Gib mir die Erlaubnis, mit dir zu gehen und mich um die Verwundeten und

25 IS, 313; KTK, 280.

Kranken zu kümmern." Vielleicht wird Gott mich zum Märtyrer machen. Er sagte: „Gott wird dir den Weg zum Martyrium zeigen, und er wird dich zum Märtyrer machen." Mohammed befahl, dass sie ihr Haus im Gebet führen solle. Sie hatte zwei Muezzine. Sie hat das Gebet geleitet..."[26]

Die arabische Formulierung des obigen Hadith ist wichtig, um die Diskussion über weibliche Imame innerhalb der Fiqh (islamischen Rechtswissenschaft) zu verstehen. Das Verb *taum*, wie ich oben mit „Sein Haus im Gebet führen" *(taum ahl darha)* übersetzt habe, könnte auch übersetzt werden als „Imam sein". Das Verb stammt aus der gleichen Wortwurzel wie das Substantiv Imam, was bedeutet: „derjenige, der zuerst steht". Das heißt, in dem obigen Hadith besteht kein Zweifel, dass Mohammed Umm Waraqa zum Imam ernannt hat. Dies wird im letzten Satz des arabischen Originals betont, in dem gesagt wird, dass sie früher Imam war *(kanat taum ahl darha)*. Dies weist darauf hin, dass es sich nicht nur um einen einzigen Fall handelte. Die Gemeinde ist im Zitat mit den arabischen Wörtern *ahl darha* definiert, die eine große Vielfalt an Bedeutungen haben. In dem Zusammenhang scheint es die Menschen in ihrem „Haus" zu bedeuten, deren Mitglieder nicht weiter bestimmt sind. Es ist jedoch eine schlüssige Annahme, dass das Haus sowohl Männer als auch Frauen umfasste. Die Moschee von Umm Waraqa, wie auch die Moschee von Mohammad, hatten Muezzine, die zum Gebet riefen, was darauf hinweist, dass die Moschee gut etabliert war, und dass nicht nur Umm Waraqa's engste Angehörige zur Moschee kamen.

Wie oben erwähnt, war der Titel Imam zu dieser Zeit in der Geschichte nicht definiert, und deshalb hören wir auch von zwei Frauen Mohammeds, die nach Mohammeds Tod die Rolle von Imaminnen in der Hausmoschee übernahmen, in der sie auch leb-

26 IS, 335. Siehe auch den Anhang, in dem der Hadith in Arabisch abgedruckt ist.

ten. Sie leiteten jedoch nur die Frauen im Gebet, und sie standen während des Gebets nicht vor den Reihen, wie es ein männlicher Imam normalerweise heute tut. Beide Erzählungen verwenden dasselbe Verb wie im obigen Umm Waraqa-Hadith:

„*Aisha führte uns im Gebet und stand in unserer Mitte*“ [27] und „*Umm Salama führte uns am Nachmittag zum Gebet und sie stand in unserer Mitte.*“ [28]

Sowohl Aisha als auch Umm Salama waren Mohammeds Ehefrauen, und beide führten das Gebet, indem sie in der Mitte der ersten Reihe standen. Dafür gibt es eine Reihe von Gründen. Die Hauptursache dürfte im internen Wettbewerb der Frauen liegen. KTK ist voll von Geschichten von Eifersucht und Konflikten zwischen Mohammeds Frauen, und der Wettstreit, Gebete in der Hausmoschee zu führen, hatte große symbolische Bedeutung. Aisha und Umm Salama waren zwei sehr prominente Frauen, und keiner von ihnen war wahrscheinlich bereit, die andere im Vordergrund stehen zu lassen. Darüber hinaus hatten Mohammeds Frauen eine wichtige Rolle in der muslimischen Gemeinde, und hätten sie Mohammeds Rolle im Gebet übernommen, hätten sie die Machtposition des Kalifen als Anführer der Muslime untergraben. Der erste Kalif, Abu Bakr, war Aischas Vater, was wahrscheinlich die symbolische Bedeutung der Imamrolle der Frauen in Mohammeds Hausmoschee verringert hat. Es ist jedoch klar, dass es einen Konflikt gab, als der zweite Kalif Omar, zwei Jahre nach Mohammeds Tod, die Macht übernahm. Er verbot den Frauen, die Moschee zu betreten und verhinderte damit Gebete mit weiblichen Imamen in Mohammeds Hausmoschee. Frauen sollten nun zu Hause beten (mehr dazu unten).
Im sunnitischen Islam gab es viele Rechtsschulen, von denen vier überlebt haben. Es sind unter anderem die obenstehenden drei

27 IS, 335. Siehe auch den Anhang, in dem der Hadith in Arabisch abgedruckt ist.
28 IS, 356. Siehe auch den Anhang, in dem der Hadith in Arabisch abgedruckt ist.

Hadithe, die dazu geführt haben, dass drei der vier Rechtsschulen im sunnitischen Islam Frauen als Imame erlauben, solange sie nur Frauen im Gebet führen.

***

In dem vorhin erwähnten Hadith, welches davon erzählt, dass Mohammed mit seinen Gefährten eine Moschee besuchte, wird das Spannungsverhältnis zwischen der Moschee als öffentlichem und privatem Bereich deutlich. Auf der einen Seite geht Mohammed mit seinen Gefährten in die Hausmoschee wie in einen öffentlichen Bereich, auf der anderen Seite fühlt sich die Frau, Umm Amir al-Ashhaliyya, verpflichtet, Essen zu servieren, wie es in einem Privathaus geschehen würde.

Dieses Spannungsverhältnis unterscheidet sich in der Moschee von Mohammed von anderen Hausmoscheen, da sich seine Moschee mit der Zeit mehr und mehr zu einer öffentlichen Moschee zu wandeln schien. Gleichzeitig schien sich die Grenze mehr und mehr aufzulösen. Es gibt mehrere Berichte dazu, aber keiner ist berühmter als der Vers 33.53 im Koran:

„Oh ihr, die ihr Glauben erlangt habt! Betretet nicht die Wohnstätten des Propheten, außer euch wird Erlaubnis gegeben. (Und wenn eingeladen) zu einem Mahl, kommt nicht (so früh um) zu warten, bis es zubereitet ist: sondern wann immer ihr eingeladen seid, kommt (zur rechten Zeit) herein; und wenn ihr von dem Mahl zu euch genommen habt, geht auseinander, ohne um des bloßen Reden willens zu verweilen. Das könnte den Propheten belästigen, und er könnte doch Scheu empfinden, euch (aufzufordern zu gehen). Aber Gott scheut nicht, euch zu lehren, was recht ist. Und (was die Ehefrauen des Propheten angeht): wann immer ihr sie nach etwas fragt, das ihr braucht, fragt sie hinter einer Abschirmung. Dies wird nur die Reinheit eurer und ihrer Herzen vertiefen. Außerdem ziemt es sich nicht für euch, Gottes

Gesandten zu belästigen. […]"[29]

Einer der ersten Schritte beim Lesen des Korans ist es, den Kontext herzustellen, in dem ein Vers offenbart wurde. Der Kontext dieses Verses wird in KTK als die Hochzeit zwischen Mohammed und Zaynab bezeichnet, bei der einige Gäste die Besuchszeit nicht einhielten. Es ist wichtig zu beachten, dass zwischen privatem und öffentlichem Bereich nicht örtlich unterschieden wird, sondern zeitlich. Das heißt, es geht nicht darum, dass einige Gäste sich in einen privaten Teil des Hauses verirrt hatten, sondern die oben erwähnten Gäste verletzten diese Grenze, indem sie die Feier nicht pünktlich verließen.

In oben stehendem Vers wird Mohammeds Hausmoschee als Wohnstätte (beit) bezeichnet, was betont, dass die Moschee-Funktionen zeitlich gebunden war. Der gleiche Hof wurde nämlich Moschee *(masjid)* genannt, wenn es um religiöse Angelegenheiten ging. Muslime werden im Koran angewiesen, nicht ohne Erlaubnis das Haus von Mohammed zu betreten und dort zu essen. Sie werden gebeten, das Haus nach dem Essen zu verlassen. Die Zeiten vor dieser Eintrittserlaubnis und nach dem Ende der Mahlzeit sind daher privat, und die Muslime müssen dies respektieren, um Mohammed nicht in Verlegenheit zu bringen, indem er sie bitten muss, zu gehen. Darüber hinaus müssen Muslime das Haus als privat betrachten, wenn er nicht zu Hause ist.

Während der Hochzeit, die zur Offenbarung des Verses führte, waren die Räume von Mohammeds Frauen Teil des öffentlichen Bereichs. Es gibt verschiedene Versionen der Hochzeitsgeschichte, aber die grundlegenden Merkmale sind die gleichen:

29 Asad, Mohammed: Die Botschaft des Koran. Übersetzung und Kommentar. Patmos Verlag, S. 809

Zwei Männer kannten die Besuchszeit nicht, woraufhin der Vers offenbart wurde. Der Grund hierfür ist nach den meisten Historikern klar: Mohammed und seinen Frauen ein wenig Privatsphäre geben. [30]

***

Die Moschee entwickelte sich zu einer öffentlichen Institution unter dem zweiten Kalifen Omar, der etwa zwei Jahre nach dem Tod Mohammeds seine Herrschaft antrat. Omar machte die ersten großen Eroberungen außerhalb der Arabischen Halbinsel, und während dieser Zeit gründeten die Muslime eine Reihe von Garnisonsstädten mit einer Moschee in der Mitte. Die vielen arabischen Stämme lebten getrennt voneinander in den Vierteln um die Moschee herum. [31] So wurde die Moschee zu einem zentralen, öffentlichen Gebäude ohne Verbindung zu einer privaten Residenz. Es gab eine allmähliche Entwicklung der verschiedenen Ämter, die in den Moscheen übernommen wurden, und in diesem Prozess wurde der Imam als rein männliche Rolle definiert. Es ist jedoch wichtig zu wissen, dass sich die Moschee als Institution deutlich von der in Mohammeds Zeit unterschied.

Als Mohammed starb, wurde er im Schlafzimmer seiner Frau Aisha begraben. Danach waren die Witwen allein in der Hausmoschee, die zum Zentrum der sozialen Aktivitäten der Frauen von Medina wurde – einschließlich des Gebetes mit Aisha und Umm Salama als Imame. Die soziale Aktivität und das Frauengebet setzten sich während des ersten Kalifen Abu Bakr fort, aber als er zwei Jahre später starb und Omar zum Kalifen ernannt wurde, warf er die Frauen aus der Hausmoschee hinaus:

„Umm Subayya Khawla Bint Qays sagte:“ Zur Zeit Mohammeds und Abu Bakrs und zu Beginn von Omars Kalifat nutzten

30 IS, 74-75. KTK, 76-77.

31 Hallaq, Wael (2007): The origins and evolution of Islamic law. Cambridge University Press, S. 30.

wir Frauen die Moschee um uns in ihr zu treffen. Gelegentlich spannen wir Fäden, und manchmal arbeiteten wir mit den Palmblättern. Omar sagte: „Ich möchte dich frei machen“. Also haben wir die Moschee verlassen, obwohl wir früher dahin zum Gebet gekommen sind.“ [32]

Die Bedeutung, frei zu sein, ist hier „zu Hause bleiben“. Omar „befreite“ die Frauen davon, in der Moschee zu sein, woraufhin es eine reine Männermoschee wurde – auch zur Schlafenszeit. Die neuen Regeln in Mohammeds ehemaligem Haus bedeuteten nicht nur, dass Frauen der Zugang zur Moschee verweigert wurde. Die Männer mussten jetzt zum Gebet kommen. Umm Subayya Khawla bint Qays erzählt uns unter anderem, dass Omar nach dem Nachtgebet die Gewohnheit hatte, Leute auszupeitschen, die nicht daran teilgenommen hatten.[33]

Es hatte große Bedeutung, dass Omar viele Konflikte mit Mohammeds Frauen hatte, und das bereits zu Lebzeiten Mohammeds. Darüber hinaus war es in Omars Interesse, Mohammeds Hausmoschee wegen ihres symbolischen Wertes unter den Muslimen von den Frauen zu übernehmen. Der erste Kalif, Abu Bakr, stand nicht in demselben Konflikt, weil er mit Mohammeds Frauen keinen politischen Streit hatte. Seine Tochter Aisha war selbst eine der beiden weiblichen Imame in der Moschee.

Omars Sicht auf Frauen und sein zum Teil gewalttätiges Verhalten ihnen gegenüber wird im KTK mehrmals erwähnt. Zum Beispiel klagt eine Frau namens Safiyya: „Es war einmal, dass Omar ibn al-Khattab mich schlug, so dass mein Gürtel abfiel. Einmal schlug er mich mit einem Kleiderbügel.“ [34]

32 IS 217. KTK, 206.

33 Ebenda

34 IS, 347. KTK, 305.

Omar verbot auch Mohammeds Frauen, an den jährlichen Pilgerfahrten teilzunehmen, und als er schließlich ihrem Wunsch nachgab, sorgte er dafür, dass sie vollständig von den übrigen Pilgern isoliert waren. [35] Dies scheint erneut ein Versuch gewesen zu sein, Mohammeds Frauen politisch zu isolieren. Omar hatte guten Grund, sie zu fürchten, wie Aishas Macht zu einem späteren Zeitpunkt in der Geschichte beweist, als sie zusammen mit zwei von Mohammeds Gefährten eine bewaffnete Rebellion gegen den vierten Kalifen Ali (Mohammeds Cousin) führte. Die Schlacht ist heute als Kamelschlacht bekannt, weil die Beine von Aishas Kamel während der Schlacht abgeschlagen wurden. Gleichzeitig war diese Schlacht der Beginn der späteren Spaltung zwischen Sunniten und Schiiten.

***

Nach Omars Tod verschlechterte sich der Status von Frauen weiter im Vergleich zu früher unter Mohammed. KTK enthält nur sehr wenig Informationen über diesen Zeitraum, und die späteren Reformen sind nicht immer auf Frauen ausgerichtet, aber sie waren dennoch betroffen. Zum Beispiel erzählt Mohammed ibn Ibrahim al-Taymi, wie der Kalif Marwan ibn al-Hakam (684-685) Laien verbot auf Mohammeds Bett zu Grabe getragen zu werden, welches den Status einer Reliquie erlangt zu haben schien:

„Mohammed Ibn Ibrahim al-Taymi sagte:“ Zaynab bint Jahsh gab Anweisungen, dass sie auf Mohammeds Bett aufgebahrt werden will, so dass ihre Bahre darauf lag. Zuvor war Abu Bakr dort aufgebahrt gewesen. Als eine Frau starb, wurde sie dort aufgebahrt bis Marwan ibn al-Hakam befahl, dass niemand, der kein Adliger war, darauf aufgebahrt werden sollte.“ [36]

35 IS 150-151. KTK, 146-148.

36 KTK, 78.

Die Gebäude mit Mohammeds Frauengemächern rund um den Hof waren der letzte Überrest von Mohammeds Hausmoschee. Es war nicht als private Hausmoschee benutzt worden, seit Omar das Amt des Kalifen übernommen hatte. Unter dem Kalifen al-Walid ibn Abd al-Malik (705-715 n.Chr.), der aus Damaskus herrschte und 73 Jahre nach Mohammeds Tod die Macht übernahm, wurden die Zimmer von Mohammeds Witwen abgerissen, um den Gebetsraum zu erweitern. Ata al-Churasani berichtet:

„Ich war anwesend, als al-Walid Ibn Abd al-Maliks Brief laut vorgelesen wurde mit dem Befehl, dass die Zimmer von Mohammeds Frauen abgerissen werden sollten, damit sie ein Teil der Moschee werden konnten. Ich habe keinen Tag mit mehr Tränen erlebt, als diesen." [37]

Die Moscheen von Mekka und Medina wurden seither mehrmals umgebaut, und heute haben sie die Kapazität für Millionen von Muslimen.

37 KTK, 122.Es gibt einige Berichte darüber. Siehe IS 117-120.

Gelehrte Frauen und Anführerinnen

Es gab kein ideales Frauenbild unter den Arabern zu Mohammeds Zeit. Im Gegenteil, es gab viele Arten eine Frau zu sein. Die Möglichkeiten einer Frau hingen in erster Linie von der Kultur ihres Stammes ab, während die muslimische Gemeinschaft in dieser Frage wahrscheinlich eine untergeordnete Rolle spielte. So sehen wir auch, dass Mohammed einigen Frauen verbot, sich dem Krieg anzuschließen, während er es anderen erlaubte (mehr dazu im Abschnitt über Frauen im Krieg).

Es gibt viele Berichte über Frauen im KTK, die Mohammed um Rat, Trost oder Anweisungen in Religionsfragen gebeten haben. Frauen kamen auch zu Krankenbesuchen, als Mohammed krank war. **38** Sie hatten im allgemeinen leichten Zugang zu Mohammed, und einige konnten mit Autorität in der muslimischen Gemeinde sprechen. Mohammeds Tochter Zaynab gewährte ihrem nicht-muslimischen Mann Abu al-'As ibn al-Rabi Schutz, der während eines der muslimischen Raubüberfälle gefangen genommen worden war, weil er als nicht-Muslim nicht unter dem Schutz der muslimischen Gemeinschaft stand. Leider ist das Zitat ein wenig kryptisch, daher muss es genau gelesen werden:

„Mohammed führte die Muslime im Morgengebet. Als er aus dem Gebet aufstand, sagte seine Tochter Zaynab: „Ich gebe Abu Al-'As ibn al-Rabi Schutz." Als Mohammed fertig war, sagte er: „Habt ihr gehört, was ich gehört habe?" Sie sagten: „Ja". Mohammed sagte: „Bei Gott; Ich wusste nichts darüber, bevor ich hörte,

38 Siehe zum Beispiel KTK, 225.

was ihr gehört habt. Schutz kann selbst von den Schwächste unter uns gegeben werden."[39]

In einer Stammesgesellschaft ist es wichtig, unter dem Schutz eines Stammes zu stehen, sonst wirst du geächtet. Der Schutz wirkt als Gewaltandrohung gegenüber Gegnern. Wenn jemand den Beschützten verletzt, dann rächt der beschützende Stamm die Tat. Im Allgemeinen war es der Anführer des Stammes, der den Schutz in Absprache mit den höchsten Mitgliedern des Stammes aussprach oder zurücknahm.

Es gab deutliche Unterschiede in den Geschlechterrollen der Quraiysch-Stämme und der Medina-Stämme. Selbst unter den Stämmen Medinas gab es deutliche Unterschiede, aber tendenziell schienen Frauen in Medina größere Selbstbestimmung und mehr Autorität zu haben, als die Quraiysch-Frauen (in Mekka). [40] In medinensischen Stämmen, die gleichzeitig matrilinear und uxoriocal waren, konnten Frauen eine ziemlich große Autorität haben. Das war bei Stämmen der Fall, in denen die Abstammung durch die Blutlinie der Frau definiert wurde (matrilineal) und der Mann während der Ehe (uxorilocal) zu seiner Frau zog, anstatt dass die Frau ihren Stamm verließ und zum Mann zog. Für viele Frauen bedeutete das, dass sie nach ihren Wünschen heiraten und sich scheiden lassen konnten – auch, nachdem sie zum Islam konvertiert waren.

Außerdem gehörten alle Kinder zum Stamm der Mutter, also gab es keine Wartezeiten (idda), in denen die Frau auf Geschlechtsverkehr verzichten musste. Dies wurde getan, um die Vaterschaft

39 KTK, 22. Eine detailliertere Version der Geschichte findet man auf S. 23.

40 Der hohe Grad an Individualismus unter den Quraiysch erlaubte jedoch einigen Frauen, sich vollständig von männlicher Autorität zu befreien, zum Beispiel durch privaten Reichtum. In Medina war es für Frauen schwer, etwas zu besitzen, weil Kollektiveigentum die Norm war und das Kollektiv oft von Männern dominiert wurde.

eines Kindes festzustellen: Die Frau musste nach einer Scheidung eine Zeitlang enthaltsam leben, bis deutlich wurde, ob sie von ihrem ehemaligen Mann schwanger war oder nicht. In einem bekannten Bericht von Kitab al-Aghani wird erwähnt, dass eine Frau nur ihr Zelt drehen musste, wenn sie sich scheiden lassen wollte. Wenn der Mann sich dem Zelt näherte und sah, dass der Eingang nun in eine andere Richtung zeigte, bedeutete dies, dass seine Frau sich hatte scheiden lassen. [41]

Omar, den ich im vorigen Kapitel erwähnt habe (zweiter Kalif), hatte zum Beispiel wiederholt mit den Frauen aus Medina Konflikte, wenn er meinte, dass die Frauen ihren Männern gehorchen sollten, was die Frauen von Medina nicht einsahen. Schlimmer war noch, dass die Frauen des Quraiysch-Stammes von den Frauen Medinas inspiriert wurden, was Omar als Frauenaufstand empfand. In dem folgenden Bericht, in dem Omars eigene Frau ihm antwortet, geht er danach zu seiner Tochter Hafsa, die mit Mohammed verheiratet war, um die entspannte Haltung gegenüber männlicher Autorität unter Mohammeds Ehefrauen zu erkunden:

Omar sagte: "Wir unter den Quraiysch beherrschten unsere Frauen, aber als wir in Medina ankamen, sahen wir, dass Frauen über die Männer herrschten. Dann begannen unsere Frauen, Medinas Frauen nachzuahmen. Als ich meine Frau anschrie, widersprach sie und es war mir egal. Sie sagte: „Stört es dich nicht, dass ich widerspreche? Bei Gott Mohammeds Frauen widersprechen ihm! Einige wollen für den Rest des Tages nichts mit ihm zu tun haben [wenn er sie verrückt macht]! „Das beunruhigte mich, also sagte ich: „Diejenige unter euch, die das getan hat, wird dafür bestraft werden!" Dann nahm ich meine Kleidung und besuchte

41 Watt, W. Montgomery (2006): *Mohammed at Medina.* Oxford University Press, S. 371-388

Hafsa. Ich sagte: „Bleibst du jemals den ganzen Tag von Mohammed fern, bis die Nacht kommt? Sie antwortete: „Ja“ [42]

Es ist klar, dass Omars Frau Mohammeds Frauen als Vorbilder ansah, denn die Beziehung zwischen Mohammed und seinen Frauen war gleichberechtigter als es die Norm war. Der Konflikt zwischen Omar und Mohammeds Ehefrauen ist ein wiederkehrendes Thema in KTK, und Omar hat viele dieser Kämpfe verloren. Omar spricht unter anderem über einen Wortwechsel mit Mohammeds Frau Umm Salama:

Dann ging er zu Umm Salama und sagte: „Umm Salama, widersprichst du Mohammed manchmal?“ Umm Salama sagte: „Das ist unglaublich! Ist es wirklich angemessen, dass du dich in die Beziehung zwischen Mohammed und seinen Frauen einmischt? Bei Gott, widersprechen wir ihm. Wenn er damit einverstanden ist, dann ist es das Beste für ihn. Wenn er uns verbietet, wird es effektiver sein, als wenn das Verbot von dir kommt.“[43]

In der Folge bereute Omar, dass er sich eingemischt hatte. In einigen Fällen gewann er jedoch seine Kämpfe, und einer von diesen war es, Frauen mit Schlägen zu tadeln (nicht zu verprügeln). Ibn Saad hat eine große Anzahl von Überlieferungen zum Schlagen von Frauen gesammelt. Sie alle enthalten eine Erlaubnis zu schlagen (nicht verprügeln), aber Mohammed nahm davon in allen Erzählungen Abstand. Das heißt, Mohammed gibt die Erlaubnis, aber gleichzeitig schränkt er ein: „Schlage sie, aber nur der Schlechteste von euch wird sie schlagen.“[44] In fast allen Berichten ist es Omar, der um Erlaubnis bittet:

Es heißt, Mohammed sagte: „Schlagt eure Frauen nicht.“ Sie hörten auf, sie zu schlagen, aber Omar ging zu Mohammed und sagte: „Mohammed, die Frauen waren rebellisch gegen ihre

42 KTK, 133-134.

43 KTK, 139-140.

44 IS 148. KTK, 144.

Männer." So gab Mohammed die Erlaubnis sie zu schlagen. Mohammed sagte: „Am Abend kamen 70 Frauen zu mir nach Hause; alle haben sich über ihre Männer beschwert, und diese Männer sind nicht die Besten unter euch." [45]

Es gibt mehrere Berichte darüber, wie Mohammed davon Abstand nahm, Frauen zu schlagen. Zum Beispiel sagt Ali ibn Hussein, dass „Mohammed keine Frauen oder Sklaven mit seiner Hand geschlagen hat..." [46] Allerdings heiratete Mohammed auch keine Frauen aus Medina und unterstützte damit indirekt die allgemeine Vorstellung, dass Medinas Frauen stur und nicht geeignet für die Polygamie waren:

„Mohammed wurde gefragt: „Mohammed, warum heiratest du nicht Frauen aus Medina? Es gibt viele schöne unter ihnen. „Mohammed sagte:" Sie sind Frauen mit starker Eifersucht (Ghayr) und wollen mit ihren Mitfrauen keine Geduld zeigen. Ich habe mehrere Frauen und ich mag es nicht, Probleme mit der Familie einer Frau zu bekommen." [47]

Das Wort eifersüchtig (ghayr) ist ein Sammelbegriff für den Stolz und die Eifersucht der Frau und beinhaltet ihr Beharren auf Selbstbestimmung und zum Beispiel ein bedingungsloses Scheidungsrecht. Mohammeds Forderung ist nicht, dass die Frauen von Medina ihre Gewohnheiten ändern sollten; seine Ansicht ist, dass es nicht zu seinem Leben passte, sie zu heiraten. Natürlich gab es nur sehr wenige Ehen zwischen mekkanischen Männern und medinensischen Frauen, und nach Mohammeds Tod dominierten die patriarchalen Geschlechterrollen fast ausschließlich. Omar ist dafür zum Teil verantwortlich, aber auch nach seinem Tod hatten Frauen wie Aisha eine wichtige Rolle in der Politik. Sie scheint auch als Richterin gehandelt zu haben:

45 Ebenda

46 IS, 147-148. KTK, 144.

47 IS, 147-148. KTK, 144.

„Abu Salama Ibn Abd al-Rahman sagte:" Safyya bin Huyayy hinterließ 100.000 Dirham nach dem Verkauf ihres Landes und ihres Eigentums, und sie vererbte einem Neffen, der ein Jude war, ein Drittel davon. Sie weigerten sich, es ihm zu geben, bis Aisha, Mohammeds Frau, zu ihnen sprach und sagte: „Fürchtet Gott und gebt ihm sein Erbe." Dann bekam er ein Drittel davon, was 33.500 Dirham betrug. Sie besaß auch ein Haus, welches sie während ihres Lebens als Almosen gab."[48]

Es war üblich, dass Leute zu Aisha kamen, um Rat zu holen oder Dinge zu regeln. Sie fungierte auch als Expertin in Mohammeds Sunna (Tradition).

***

Frauen spielten eine wichtige Rolle in Bezug auf die Überlieferung von Hadithen (Kurzgeschichten über Mohammeds Leben). Es gibt unzählige Beispiele von Frauen in KTK, die sowohl an andere Frauen als auch an Männer Hadithe weitergaben. Der Grund, warum Ibn Saad den Band 8 des KTK über die Frauen geschrieben hat, ist, dass man in der Lage sein sollte, die Gültigkeit von Hadithen mit Frauen in der Überlieferungskette zu untersuchen (siehe Einleitung für eine Erklärung von Überlieferungsketten). Es gibt zum Beispiel Frauen, die von Mohammeds Frau Aisha in Hadithen unterrichtet wurden, die dann andere – einschließlich Männer – unterrichtet haben:

„Al-Zuhri überlieferte von Amra, und das taten auch Abdullah Ibn Abi Bakr Ibn Hazim, Yahya Ibn Said Al-Ansari und andere. Amra überlieferte von Aisha und Umm Salama. Sie war eine sachkundige Frau (alima)." [49]

In dem Umm Waraqa-Hadith über die weiblichen Imame sagte sie, dass sie „den Koran sammele", woraus wir folgern können,

48 KTK 91.

49 IS 353. Andere Beispiele siehe KTK, 314-316

dass sie die Verse sammelte, die sie gelernt hatte. Das heißt, es könnte auch mit „sie lernte den Koran" übersetzt werden. Es gibt mehrere Berichte in der KTK darüber, wie Frauen Koranverse unter anderem von Mohammed lernten. Der folgende Bericht stammt aus der Zeit, als Mohammeds Haus in Medina gebaut wurde. Während dieser Zeit lebte er bei einer lokalen Familie und hier lernte Umm Hisham Haritha ibn al-Numan die Sure al-Qaf, Kapitel 50 im Koran:

„Mohammed lebte für ein Jahr oder weniger bei uns. Ich habe Surat al-Qaf aus dem ehrwürdigen Koran direkt von Mohammeds Zunge gelernt. Er rezitierte es den Menschen jeden Freitag, wenn er predigte." [50]

Mohammed Akram Nadwis Forschung über weibliche Gelehrte in den Hadithen (al-Muhaddithat), den ich in der Einleitung erwähnt habe, zeigt, dass Frauen in den Jahrhunderten nach dem Tod Mohammeds weiterhin lehrten und für ihr Wissen anerkannt wurden. Daher ist es nicht überraschend, dass Frauen unmittelbar nach Mohammeds Tod als Autoritäten im Islam agierten. Mohammeds Frauen hatten Kenntnis von privaten Details von Mohammeds Leben, von denen niemand etwas wissen konnte, und deshalb spielen die Berichte seiner Frauen für das Islamische Recht eine wichtige Rolle.

Die Autorität der Frauen war nicht auf die Hadithen beschränkt. Mohammeds Ehefrauen agierten auch als Autoritäten auf dem Gebiet der Koraninterpretation. [51] Aisha behauptete sogar, den Erzengel Gabriel mit einer Offenbarung zu Mohammed kommen gesehen zu haben. Bei einer anderen Gelegenheit stellte Mohammed sie angeblich Gabriel vor. [52]

50 IS 324.

51 Zum Beispiel KTK,124-125, wo Umm Salama Koransure 66:1 für Abdullah ibn Rafi intepretiert.

52 KTK, 48.

Der Koran wurde im 7. Jahrhundert in dem historischen Kontext der arabischen Halbinsel offenbart, und Mohammeds Frau Umm Salama hatte den Eindruck gewonnen, dass der Koran ausschließlich an Männer gerichtet war. Sie beklagte sich daher: „Mohammed, Frauen werden nicht erwähnt.“ [53] Allerdings war sie nicht die Einzige, die sich ignoriert fühlte:

Die Frauen sagten zu den Männern: „Wir sind Muslime geworden, genau wie ihr Muslime geworden seid, und wir haben getan, was ihr getan habt, aber ihr werdet im Koran angesprochen, während wir nicht angesprochen werden.“ [54]

Daraufhin wurde Koranvers 33:35 offenbart:

„Wahrlich, für alle Männer und Frauen,
die sich Gott ergeben haben,
und alle gläubigen Männer und gläubigen Frauen,
und alle wahrhaft demütig ergebenen Männer
und wahrhaft demütig ergebenen Frauen,
und alle Männer und Frauen, die in ihrem Wort treu sind,
und alle Männer und Frauen, die geduldig in Widrigkeit sind,
und alle Männer und Frauen, die sich vor Gott demütigen,
und alle Männer und Frauen, die aus Mildtätigkeit geben,
und alle fastenden Männer und fastenden Frauen
und alle Männer und Frauen, die auf ihre Keuschheit achten,
und alle Männer und Frauen,
die unaufhörlich Gottes gedenken:
für alle von Ihnen hat Gott Vergebung der Sünden und eine mächtige Belohnung bereitet.“ [55]

53 KTK, 141.

54 KTK, 141-142.

55 Asad, Mohammed: Die Botschaft des Koran. Übersetzung und Kommentar. Patmos Verlag, S. 803

Die Frage, ob die Enthüllungen des Koran auch Frauen betreffen, ist in Wirklichkeit eine Frage des grammatikalischen Verständnisses der arabischen Pluralform. Arabisch hat zwei Geschlechter: männlich und weiblich. Wenn man sich auf eine Gruppe von Menschen bezieht, die ausschließlich aus Frauen besteht, verwendet man die weibliche Form, und wenn man sich auf eine Gruppe von Menschen bezieht, die ausschließlich aus Männern besteht, wird die männliche Form verwendet. Das Problem tritt auf, wenn man über eine Gruppe von Männern und Frauen spricht. Hier wird der männliche Plural verwendet, und daher besteht die Möglichkeit eines Missverständnisses, da man den männlichen Plural sowohl auf eine gemischte Gruppe als auch bezogen auf eine ausschließlich aus Männern bestehende Gruppe verstehen kann. Im Koran wurde hauptsächlich der männliche Plural verwendet, daher ist der obige Hadith natürlich ein zentraler Teil der Argumentation muslimischer Feministinnen.[56]

56 Weitere Argumente finden sich in Fatima Mernissis Buch

Frauen im Krieg

Ibn Saad berichtet, dass der erste muslimische Märtyrer eine Frau namens Sumayya bin Khubbat war. Sie verlor ihr Leben, als Abu Jahl ihr mit einem Speer in den Bauch stach, weil sie ihren Glauben an den Islam nicht verleugnen wollte. Frauen konnten in vielerlei Hinsicht zu Märtyrerinnen werden. Zum Beispiel zitierte ich einen Hadith im Kapitel über den Status von Frauen in den ersten Moscheen, in welchem Umm Waraqa das Martyrium erhielt, indem sie die Rolle der Imamin übernahm. In einem anderen Hadith, in dem Mohammed mit seiner Frau Aisha spricht, sagt er: „Dein Jihad ist die Pilgerfahrt". [57] Frauen, wie im vorherigen Kapitel gezeigt, konnten als Gelehrte agieren und hatten somit auch Zugang zum so genannten *großen Jihad*, der durch Lernen und ein frommes Leben erreicht wird.

Frauen konnten jedoch auch das Martyrium im bewaffneten Kampf (der kleine Dschihad genannt) erreichen. Einige Berichte über weiblichen Heldinnen wurden sowohl in KTK als auch in anderen Quellen veröffentlicht. Zum Beispiel hören wir in KTK von Safyya bint Abd al-Mutallib, die Mohammeds Frauen in einer Situation verteidigte, in der der mit dem Schutz der Frauen beauftragte Mann zögerte:

„Als Mohammed aus Medina auszog, um seinen Feind zu bekämpfen, ließ er seine Frauen und andere Frauen in Hassan ibn Tabits befestigtem Haus zurück, weil es das sicherste Haus in Medina war... Ein Jude näherte sich dem Haus, um zuzuhören und zu spionieren. Safyya bint Abd al-Mutallib sagte zu Hassan: „Geh runter zu diesem Juden und töte ihn." Er [Hassan] schien

57 IS, 50. KTK, 51 AR 50.

dies zu fürchten, also nahm sie einen Stab und ging nach unten. Sie öffnete die Tür langsam und leise, griff ihn an, schlug ihn mit dem Stab und tötete ihn." [58]

Safyya bint Abd al-Mutallib war Mohammeds Tante, und sie kämpfte auch in der Uhud-Schlacht, in der sie Mohammed rettete, als er auf dem Schlachtfeld von seinen flüchtenden Mitgläubigen zurückgelassen wurde:

Safyya bint Abd al-Mutallib ging am Tag der Schlacht von Uhud mit einem Speer in der Hand raus, während die Menschen flohen. Sie schüttelte den Speer vor den Gesichtern der Menschen, während sie sagte: „Ihr flieht vor Mohammed!" [59]

Aus anderen Quellen wissen wir, dass sie auch an der Schlacht bei Badr teilgenommen hat und dass sie während einer weiteren Schlacht in Uhud zur Märtyrerin wurde, als sie einem Speer im Weg stand, der Mohammed getroffen hätte. [60] Die Schlacht von Uhud ist in der islamischen Geschichte bekannt, weil Mohammed verwundet wurde und mehrere seiner Gefährten starben. Viele Muslime flohen ohne Rücksicht auf Mohammeds Wohlergehen.

In einer anderen Geschichte hören wir von Umm Umara, auch sie verteidigte Mohammed während der Schlacht von Uhud, während die Männer um ihn herum flüchteten:

„Umm Umara Bint Ka'b war in Uhud mit ihrem Ehemann Ghaziya ibn Amr und ihren beiden Söhnen anwesend. Sie zog mit ihnen zu Beginn des Tages mit einem Wassergefäß aus, um den Verwundeten Wasser zu geben. An diesem Tag kämpfte sie und zeigte ihren Mut. Sie hatte zwölf Wunden von Speeren und Schwertern und sagte: „Als die Muslime flohen, schloss ich mich

58 IS, 27-28. KTK, 29.

59 KTK 29.

60 Sonbol, Amira (2003): Rise of Islam: 6th to 9th century. I: Joseph, Suad (2003): Encyclopedia of Women & Islamic Cultures. Vol 1. Brill. S. 3-9.

Mohammed an und begann an der Schlacht teilzunehmen. Ich habe Mohammed mit Schwert und Schlinge verteidigt, bis ich verletzt wurde.“[61]

In dem Zitat wird gesagt, dass Umm Umara mit Schleuder und Schwert kämpfen konnte. Das deutet darauf hin, dass sie trainiert wurde oder sich zumindest selbst trainiert hat. Es ist nicht einfach, eine Schlinge zu werfen, und es erfordert Training, um mit einem Schwert gegen erfahrene Soldaten zu kämpfen. Dies gilt insbesondere, wenn man sich in Unterzahl befindet, wie es hier der Fall war. Mohammed war begeistert von Umm Umaras Eifer und befahl sogar einem der flüchtenden Männer, ihr seinen Schild zu übergeben:

Als die Menschen Mohammed unbeschützt zurückließen, blieb nur eine Gruppe von maximal zehn Personen. Ich [Umm Umara], meine beiden Söhne und mein Mann verteidigten ihn von vorne. Leute rannten auf ihrer Flucht an ihm vorbei. Er sah, dass ich kein Schild hatte, und er sah einen Mann mit einem Schild fliehen. Er sagte zum Mann mit dem Schild: „Gib dein Schild denen, die kämpfen.“ Also gab er mir sein Schild und ich benutzte es, um Mohammed zu beschützen.[62]

Während des Kampfes wurde einer der oben genannten Söhne verwundet, und Umm Umara verband ihren Sohn, woraufhin sie sagte: „Geh raus und kämpfe gegen den Feind, mein Sohn!“. Mohammed hörte sie und antwortete: „Wer kann ertragen, was du ertragen kannst, Umm Umara!“.[63]
Danach erschlug Umm Umara den Mann, der ihren Sohn verwundet hatte. Sie berichtet wie folgt:

61 IS, 301. KTK, 270-271. Al-Waqidi (siehe Einleitung), der ursprünglich Mohammed ibn Omar hieß, betrachtet diesen Bericht als wahr.

62 IS 302. KTK, 271.

63 IS 302-303. KTK, 272.

Der Mann, der meinem Sohn wehgetan hatte, bewegte sich vorwärts und Mohammed sagte: „Er ist es, der deinen Sohn verletzt hat." Ich griff ihn an und schlug gegen sein Bein, damit er auf die Knie fiel. Ich sah Mohammeds Lächeln, so dass ich seine Zähne sehen konnte. Er sagte: „Du hast Rache genommen, Umm Umara!" Dann griff er ihn mit der Waffe an und tötete ihn. Mohammed sagte: „Lobe Gott, der dir den Sieg geschenkt hat, dich höher als den Feind stellt und dich direkte Rache genießen lässt." [64]

In einer anderen Version derselben Geschichte (in KTK) wird deutlich, dass Umm Umara selbst sogar den Mann tötet, der ihren Sohn verletzt hat. Mohammed begrüßt anscheinend den Mut, die Fähigkeit und den Eifer seines weiblichen Soldaten, und Umm Umara ist weder ein Einzelfall noch eine Ausnahme in Situationen, in denen Mohammed in Lebensgefahr war. Sie kämpfte mindestens fünf Jahre lang in der muslimischen Armee. Ihre militärische Karriere endete, als sie im Jahr nach Mohammeds Tod in der Schlacht von Yamama ihre Hand verlor (und elf Wunden bekam). [65]

Das heißt, sie hat auch während des ersten Kalifen Abu Bakr in der Armee gedient, genau wie andere Frauen auch. [66]

***

KTK erzählt von vielen Frauen, die sich um die Verwundeten kümmerten und Wasser zur Verfügung stellten. Somit besteht kein Zweifel über ihre Anwesenheit, aber ihre Rollen und Funktionen sind nicht leicht zu bestimmen. Wahrscheinlich war die Rolle

64 Ebenda

65 IS, 301 og 304. KTK, 270-273.

66 Siehe zum Beispiel Booth, Marilyn (2001): *May Her Likes be Multiplied.* University of California Press, S.29-30.

der Frau im Krieg zu Mohammeds Zeit nicht genau definiert, was bedeutet, dass es keine klaren Beschränkungen gab. Mohammed hat bestimmten Frauen in bestimmten Fällen verboten, am Krieg teilzunehmen, während er offensichtlich die Teilnahme anderer Frauen begrüßt hat.

Ibn Saad benutzt oft standardisierte Sätze, um Frauen und Männer zu kategorisieren, und der Satz, der für Frauen verwendet wird, die mit auszogen, war einfach: „Sie hat Wasser zur Verfügung gestellt und Verwundete versorgt". Diesen Satz finden wir wieder und wieder in KTK. Die Versorgung der Soldaten mit Wasser und die Versorgung der Verwundeten waren wahrscheinlich Frauenfunktionen, aber es gibt einige Passagen, in denen Ibn Saad Details liefert, die nahe legen, dass die Grenzen zwischen der Versorgung der Verwundeten und dem Kämpfen fließend waren. Zum Beispiel sagt er, dass Umm Sulaym, die Mohammed oft besuchte (siehe oben), mit einem großen Messer (einem Dolch) bewaffnet war, während sie Wasser in Uhud trug: „Umm Sulaym war bei Mohammed anwesend, während sie mit Abdullah schwanger war, und sie hatte einen Dolch an den Leib gebunden." **67** Ihre gewalttätige Sprache in einer späteren Schlacht (Hunayn) deutet ebenfalls darauf hin, dass es gesellschaftlich akzeptiert wurde, dass Frauen an Kampfhandlungen teilnahmen:

Umm Sulaym brachte einen Dolch in die Schlacht von Hunayn mit. Abu Talha sagte: „Mohammed, hier ist Umm Sulaym mit einem Dolch." Sie sagte: „Mohammed, ich habe es für den Fall, dass einer der Götzendiener mir nahe kommt. Dann werde ich es ihm in seinen Bauch stechen, ihn töten und seinen Bauch aufschneiden... „Mohammed lächelte und sagte: "Umm Sulaym, Gott ist genug und besser." **68**

67 IS 311. KTK, 278.

68 Ebenda.

Frauen mit Fähigkeiten im Kampf schienen auf dem Schlachtfeld willkommen gewesen zu sein, und der Übergang zwischen der Bereitstellung von Wasser und dem Kämpfen war offensichtlich fließend. So ging auch Safyya bint Abd al-Mutallib, wie oben erwähnt, nach Uhud, um Wasser zu tragen. Umm Atiyya al-Ansariyya soll mit Mohammed in sieben Schlachten gewesen sein.

Zu ihren Aufgaben gehörten das Kochen und das Reparieren von Sätteln.[69]

Selbst wenn es schwierig ist, die vielen Rollen der Frauen auf und neben dem Schlachtfeld zu bestimmen, so ist es doch eindeutig, dass Mohammed die Teilnahme von Frauen gestattete. Im folgenden Zitat ist Mohammed auf dem Weg in die Schlacht von Khaybar:

Ich [Umayya bint Qays] ging mit einigen Frauen aus dem Ghifar Stamm zu Mohammed. Wir sagten: „Mohammed, wir wollen dich nach Khaybar begleiten, um die Verwundeten zu behandeln und den Muslimen so viel wie möglich zu helfen." Mohammed sagte: „Mit Gottes Segen." Wir sind mit ihm gegangen. Ich war noch ein junges Mädchen, also ließ mich Mohammed auf seinem Kamel hinten im Sattel sitzen." [70]

Das Interessante an diesem Bericht ist, dass die Beteiligung von Frauen nur eine Nebenbemerkung für den eigentlichen Zweck des Berichts darstellt. Daraus können wir schließen, dass die Präsenz von Frauen im Kampf nicht spektakulär war. Im Gegenteil, es war ganz natürlich, und „den Muslimen so viel wie möglich zu helfen" kann auf viele Arten verstanden werden. Vielleicht hat es die Schlacht eingeschlossen. Der obige Bericht handelte in Wirklichkeit davon, dass die Frau, die mit Mohammed ritt, ihre erste Periode bekam, als sie auf seinem Kamel saß:

69 KTK, 294.
70 KTK, 204.

Er [Mohammed] ließ das Kamel knien und stieg ab, um das Morgengebet zu beten. Ich sah, dass auf dem hinteren Teil des Sattels, auf dem ich gesessen hatte, mein Blut war. Es war das erste Mal, dass ich menstruierte. Ich klammerte mich an das Kamel und schämte mich. Als Mohammed sah, was ich tat und das Blut sah, sagte er: „Vielleicht hast du menstruiert?" Ich sagte „ja". Er sagte: „Kümmere dich um dich selbst und nimm danach ein Gefäß mit Wasser. Gib etwas Salz hinein und wasche das Blut vom Sattel. Dann komm zurück."

Als die Muslime die Schlacht bei Khaybar gewonnen hatten, gab Mohammed der oben erwähnten Umayya bint Qays eine Halskette, die sie so sehr schätzte, dass sie entschied, sich damit begraben zu lassen.

Nachwort

Abschließend sei noch einmal betont, dass ich nicht versuche, den Islam für Muslime zu interpretieren. Es wäre unpassend. Muslime haben das Monopol, ihre eigenen Interpretationen zu machen. Diese Buch soll nicht als Beweis dienen, dass sich Muslime in ihrer Interpretation der Religion irren. Ich habe nur historische Quellen analysiert, um Geschlechterkonstruktionen zu beleuchten, die in der Geschichtsschreibung oft ignoriert werden.

Die Quelle dieses Buches ist der älteste vollständige Text, der über Frauen in Mohammeds Ära existiert, und es ist offensichtlich, dass Frauen als Anführerinnen, Imaminnen, Kriegerinnen auftraten und in Handelsgeschäften tätig waren. Diese Frauen sind jedoch nicht die einzigen Frauen, die zu Mohammeds Zeit gelebt haben, aber es ist die Gruppe, auf die ich mich konzentriert habe, um der Geschichtsschreibung eine Nuance zu geben, die oft übersehen wird. Das bedeutet, dass das Buch kein allgemeines Bild von den Lebensbedingungen von Frauen zu Mohammeds Zeit gibt. Dies sind nur ein paar Beispiele. Darüber hinaus ist es eine sehr selektive Lektüre, da ich zum Beispiel nicht auf die vielen Fehden zwischen Mohammeds Ehefrauen eingegangen bin.

Seit mehr als 100 Jahren werden Lexika und Bücher über prominente und bedeutende muslimische Frauen geschrieben,[71] aber aus irgendeinem Grund sind sie außerhalb der arabischen Welt nicht bekannt. Ich hoffe, dieses Buch kann es verändern und die Neugier der Leute wecken.

71 Siehe unter anderem: Petersen, Jesper (2014): Vom Harem zum islamischen Feminismus: der Kampf der Frauen in Ägypten. Akademisk Rejseforlag.

Appendix

Ich habe vier Hadithe eingeschlossen, für die sich arabische Leser interessieren könnten. Der erste ist der Umm Waraqa-Hadith, gefolgt von zwei Hadithen, in denen Aisha das Gebet leitet und schließlich ein Hadith, in dem Umm Salama das Gebet leitet.

Das Umm Waraqa Hadith ist in vielen anderen Sammlungen neben KTK enthalten (einschließlich Musnad Ahmed ibn Hanbal und Sunan Abu Dawud), ebenso wie die Hadithe über Aishas und Umm Salamas Funktion als Imaminnen aus anderen Quellen bekannt ist.

Die Quelle unterscheidet typografisch nicht zwischen beispielsweise ya und alif maqsura, und da ich die Quelle genauso vervielfältige, wie sie gedruckt wurde, gilt dasselbe in diesem Buch.

Quelle: Brockelmann, Carl (red.): Ibn Saad: Biographien Muhammeds, seiner Gefährten und der Späteren Träger des Islams bis zum Jahre 230 der Flucht. Band VIII (Biographien der Frauen). Herausgegeben von Prof. Dr. Carl Brockelmann. Leiden, E. J. Brill (1904).

أمّ ورقة

بنت عبد الله بن الحارث اسلمت وبايعت رسول الله صلعم وروت عنه. اخبرنا الفضل بن دكين حدّثنا الوليد بن عبد الله بن جميع قال حدّثتنى جدّتى عن امّ ورقة بنت عبد الله بن الحارث *وكان رسول الله يزورها ويسمّيها الشهيدة وكانت قد جمعت القرآن وكان رسول الله حين غزا بدرا قالت له تأذن لى فأخرج معك اداوى جرحاكم وأمرّض مرضاكم لعلّ الله يهدى لى شهادة قال إنّ الله مهد لك شهادة فكان يسمّيها الشهيدة وكان النبىّ صلعم قد امرها ان تؤمّ اهل دارها وكان لها مؤذّن وكانت تؤمّ اهل دارها حتّى غمّها غلام لها وجارية لها كانت دبّرتهما فقتلاها فى امارة عمر فقيل إنّ امّ ورقة غمّها غلامها وجاريتها فقتلاها وإنّهما هربا فأتى بهما فصلبهما فكانا اوّل مصلوبين بالمدينة وقال عمر صدق رسول الله كان يقول انطلقوا بنا نزور الشهيدة.

(Seite 335)

ريطة

الحنفيّة روت عن عائشة رضى الله عنها. اخبرنا يزيد بن هارون قال اخبرنا سفيان عن ميسرة عن ريطة الحنفيّة قالت *امّتنا عائشة فى الصلاة فقامت وسطن.

(Seite 355)

نائلة

بنت الفرافصة الحنفيّة روت عن عائشة قال *امّتنا عائشة فى صلاة فقامت وسطنا.

(Seite 355)

حوجيرة

روت عن امّ سلمة انّها امّت نسوة وروى عنها عمّار الدهنى. اخبرنا سفيان عن عمّار الدهنى عن حجيرة فالت *امّتنا امّ سلمة فى صلاة العصر فقامت وسطنا.

(Seite 356)

Dieses Buch basiert auf:
KTK: Bewley, Aisha (Übersetzung) (2015): *Muhammed Ibn Sa'd's Kitab al-Tabaqaat al-Kabir. Vol 8.* Ta-Ha Publishers Ltd.
IS: Brockelmann, Carl (red.): Ibn Saad: Biographien Muhammeds, seiner Gefährten und der Späteren Träger des Islams bis zum Jahre 230 der Flucht. Band VIII (Biographien der Frauen). Herausgegeben von Prof. Dr. Carl Brockelmann. Leiden, E. J. Brill (1904).

Ibn Rushd-Goethe Verlag

Autor: Jesper Petersen
Übersetzung aus dem Dänischen: Marlene Löhr
Layout: Amelie Thierfelder – *Konzeption, Grafik und Ausstellungen*

Verlag: Ibn Rushd-Goethe Verlag, Berlin
ISBN 978-3-00-059255-3

Der Druck dieses Buches wurde gefördert von:

ZEIT-Stiftung
Ebelin und Gerd
Bucerius